有意하다

1

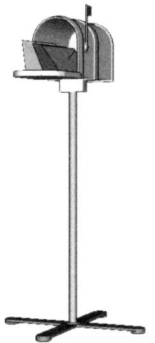

하나로 선
-사상과 문학 시인선-
有意하다
1

초판발행 2020년 12월 24일

지 은 이 유 의

펴 낸 이 박영률
펴 낸 곳 하나로 선 사상과 문학사
인쇄기획 엔크

출판등록 제2012-000301호
주　　소 서울시 마포구 토정로198 영풍@101동 상가 204호
전　　화 02) 326-3627
팩　　스 02) 717-4536

메일주소 holyhill091@hanmail.net

I S B N 979-11-88374-25-0 03810
정　　가 14,000원

*인지는 저자와 합의하에 생략하며 잘못된 책(파본)은 교환해 드립니다.

이 도서의 국립중앙도서관 출판예정도서목록(CIP)은 서지정보유통지원시스템 홈페이지(http://seoji.nl.go.kr)와 국가자료종합목록 구축시스템(http://kolis-net.nl.go.kr)에서 이용하실 수 있습니다. (CIP제어번호 : CIP2020053625)

有意하다
1

유 의 시집

하나로선
사상과문학사

농부의 꿈

눈바람에 거칠어진
개울건너 밭이랑에

새내기 농부는
꿈을 버무려 놓았다

넓은 밭이랑은 온통
벌거벗은 누드

꿈 싣고 오시는
씨 낭군을 기다린다.

초대시 / 평야 이영수

詩는 그의 손편지
시인의 말

이 비밀은 만세와 만대로부터 감추어졌던 것인데
이제는 그의 성도들에게 나타났고/ 골 1:26

나에게 詩는 하나님이 주시는 손편지다.
온전히 주님의 것이며 우리를 통하여 보이는 의미며 뜻이다.
創造主의 숨은 의도가 우리를 통하여 드러나고 나타나는 것이지 우리가 만들고 創作한 것이 아니다.
하늘과 자연을 설계하고, 돌과 바람, 안개를 풀어놓은 디자인 속에 우리를 만드신 創造에는 뜻과 意味가 있다.
나는 創造主의 숨은 의도 찾기 프로젝트팀의 일원으로 바람의 기억과 흔적, 난장과 아이의 눈물에서도 그의 손편지를 찾고 있다.

2020. 12월 덕소에서

1부

詩 便

시인의 말 / 5

詩便 / 17
발레리나 / 18
당신의 가을 / 20
코스모스 성가대 / 21
오세요! / 22
편지 / 24
봄꽃으로 / 25
아내의 앞치마 / 26
낙엽 / 28
꿈 夢에 - 1 / 29
有意하다 / 30
너는 바람 나는 깃발 / 32
봄맞이꽃 / 33
창 내기 / 34
너에게로 / 36
건너오세요 / 37
새 한 날에 / 38
태나지 않게 / 40

2부

무서리가 온 세상을 뒤덮고 있다
마치 걷어내지 못한 아픔처럼

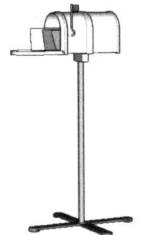

꿈 夢에 - 2 / 45
창밖에 사랑 / 46
하루살이 / 48
석모도 / 50
선악과 / 52
국화빵 - 1 / 54
국화빵 - 2 / 56
어머니라는 이름 / 58
핸드폰 가게 / 60
아버지의 세월 / 62
형묘 / 63
별도 달도 / 64
살다 보면 / 66
부침개 / 68

3부

당신의 기억이 위안받기를 바라며

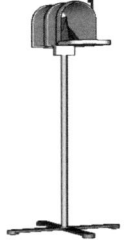

술 한잔 / 73
지평 광탄 / 74
이불속 겨울 / 78
농장을 오르다가 / 80
성형외과 / 82
빳따 / 84
김장하는 날 / 86
밤은 잠들어야 한다 / 89
모닥불이 좋은걸요 / 90
메다(Meter)방 / 92
꽁찌 / 95
아수라 반사 / 96
믿을 수 없는 일 / 98
춘천 가는 길 / 105
변산바람꽃 / 106

4부

아! 조국이여

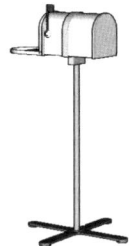

거리 두기 / 111
바람의 노래 / 112
담 / 114
줄 하나 / 116
슬픈 고래 / 118
비와 창 / 120
믿는 자여 어이할꼬 / 122
꽃에서 배운다 / 125
아들을 안고 달리던 날 / 126
여자는 / 129
부침개 세상 열다 / 130
아침 현장 / 132
불알 두 쪽 / 134

평설, 추천 글 / 141

1부

詩便

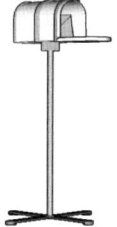

詩便

밤새 바람이 불더니
빗소리에 깨어 일어나 시를 적었네요

마침, 그리 가는 바람 있어 실어 보내니
해찰 없이 속히 보시고,
궁금한 만큼만 얼른 적어
그편 그대로 보내시면

구석진 좁은 공간에도,
끄트머리 줄 마지막에도,
방울방울! 맺히는
당신의 창 빗방울에도,

몽글몽글! 그릴 거요
송골송골! 적을 거요

발레리나

하늘을 향하는 사람이 있다

몸짓 하나로 펼친 하늘에
선을 긋는 사람,
그 펼친 하늘에 선을 따라
하늘을 향하는 사람이 있다

하늘을 향하는 사람이 있다

손짓 하나로 펼친 하늘에
창을 내는 사람,
그 펼친 하늘에 창을 열고
하늘을 향하는 사람이 있다

사뿐히 뛰어 치닫고
구름을 디딘 발끝에
바람을 닮은 사위를 펼치며

해가 걸리고, 달이 걸리고,
호흡조차 멈춰버린 가슴으로
하늘을 향하는 사람이 있다.

당신의 가을

누구에게나 눈부시었을 세상
그 빛으로 있는 당신의 모습을
멍든 가슴으로 보았습니다.

누구에게나 있을 슬픔이지만
오늘만큼은 기쁨이길 기원하는 건
당신의 모습이 온통 눈부셨기 때문입니다.

당신의 아픔은 믿음이 되고,
당신의 슬픔은 소망이 되고,
당신의 눈물은 사랑이라지요

누구에게나 눈부시었을 세상
붉게 물들고 흩트려 번져도
나에겐 당신이 가을입니다.

코스모스 성가대

교회 가는 길
코스모스가 일어나고
줄기마다 가을이 달립니다.

붉은 가을,
하얀 가을,
햇빛이 앉아 졸면
바람이 살랑 깨워
매무새를 가다듬고

높은음자리 십자가 하늘에
풍금 소리가 음표를 찍고
잠자리가 지휘하는 주님의 교회에서

가을이 당신을 노래합니다.
가을이 당신을 찬양합니다.
가을이 당신을 찬미합니다.

오세요!

오세요! 오세요!
어여 오세요!

근심일랑 무거우니 내려두시고
걱정일랑 무거우니 벗어두시고
망통, 따라지 바람 살살 불면
민들레 바람 타듯 날아오세요

오세요! 오세요!
어여 오세요!

그리 가셔도 원망치 않아요.
이리 오셔도 실망치 않아요.
몸 성히 마음 성히 잘 계시다
돌 틈, 햇살 틈새로 가만살살 비켜오세요

오세요! 오세요!

어여 오세요!

어찌 사셨다는 기별 못 해
속내가 보인다, 남사스러워도
눈에만 살짝 띄어주시고
길 따라 바람 따라 다녀오세요

편지

세상에서 가장 엷은 얼굴을 닮은
그대 바람

구름 타고 오시는지,
구름 밀며 오시는지,
하늘 바람 소식을 보내오고

다녀가시라 열어놓은 하늘에
그대 바람

썼다가 지우고,
그렸다가 지우고,
딱! 한번 읽고, 둘 수가 없소

봄꽃으로

그러리다 가리다
그대 날 부르시니
알콩달콩 재미지게,
살콩달콩 지내다가,
그대 맘 봄 향기로 날아가리다

그러리다 가리다
그대 날 보자시니
송이송이 피어나면,
방울방울 걷어다가,
그대 맘 꽃향기로 담아가리다

그러리다 가리다
그대 날 찾으시니
눈물은 빗속에 흘리고,
웃음은 꽃 속에 날리며,
窓 아래 봄꽃으로 화알짝 가리다

아내의 앞치마

빨래하는 아내의 손이
물 먹은 이불처럼 늘어집니다

새벽밥을 지으면서
쌀을 일고, 국을 올리고,
나물을 다듬어 무치던 손이
앞치마를 떠나지 않네요

설거지를 하고 난 아내는
빨아 놓은 걸레로 마루도 훔치고,
식구들 운동화도 양지쪽에 세워 널고,
신고 있던 슬리퍼에 물 한번 부시어
발목으로 탈탈! 털며 나를 봅니다

날이 좋아, 해도 나,
산책하러 가자는 시늉을 했더니
아내는 잔웃음을 보이며

따가운 볕이 아깝다고
기어이 홑청을 뜯어냅니다

볕이 좋아 빨래가 마르고,
따스함에 기지개가 커지고,
솜이불이 보송이 올라와도,
앞치마는 젖어만 가고,
아내의 손은 마르지가 않습니다

낙엽

녹색 요정들은
한해 무얼 하였길래
이리도 많은 빛깔을 만드나,

사람들처럼 농사를 짓나,
아이들처럼 사방놀이를 하나,
아니면 나뭇잎 속에 갇혀
하늘로 오를 날을 기다리며
옷감 공장에서 염색을 하나,

알록달록 꿈꾸던 요정들은
자신들 만의 빛으로
단풍 옷을 만들어놓고
처음 왔던 하늘로 올랐다

가을, 단풍, 낙엽,
요정의 흔적

꿈 夢에 - 1

꿈속에서 달을 밟으려
구름 사이를 다녔습니다

밟으려는 달은 밟지 못하고,
내 님의 고운 마음만 밟히었습니다

달무리 사잇길을 버선발로 거닐다
달빛에 물이 든 것 알지 못하고,

꿈길을 되돌아 깨어보니
내 님 가슴에 멍 자국만 남겼습니다

有意하다

푸르름을 벗은 산일지라도
유의하지 않는다 하지말라
솔로몬의 들풀도 유의하며
돌 짝 밭에 씨앗도 유의하며

되돌아온 탕자도 유의하니
무화과 열매가 아니 달려도
감람나무 열매가 아니 맺혀도
유의하지 않는다 하지말라

은혜만이 유의하고,
기적만이 유의하고,
드림만이 유의하고,
따름만이 유의하냐

니느웨 동산에 박넝쿨도
버림받은 이방 백성도 유의하니

아궁이에 들어갈 들풀도
지으심을 받은 것 모두가 유의하다

믿는다며 행하지 아니하고,
드린다며 나누지 아니하고,
따른다며 버리지 아니하고,
상급이라 쌓기만 하는도다

들보 짐 지고 가는 헛된 자여
십자가 짐이라 자랑치 말라
모두 지고 가신 이의 눈물이
강이 되고 넘쳐 바다로 흐른다

有意하다/ 뜻과 의미가 있다

너는 바람
나는 깃발

맞은 적 없어도

온몸이 아픈 것은

그리움도 쌓이면

병이 되는 모양이다

봄맞이꽃

꽃샘바람도 멈춰서는 볕 좋은 바람
무서리 벌판에서 온 당신은 들꽃
어디에서 그 이름을 받았습니까,

무엇이 애달파 작은 잎 다섯 꽃
봄볕 바람 타고 느지막이
남녘에서 오시는 이가 당신입니까,

채비도 없이 떠나야 하는 들녘에서
당신은 봄, 나는 겨울,
행여나 하는 맘 또다시 비켜 갑니다

창 내기

달빛을 방안으로 들이려
당신이 있을 곳으로 창을 냅니다

당신은 너무 멀리 있어 보이지 않지만
꼭 거기 있을 것만 같아 창을 냅니다

달빛으로 공단을 엮어
방안 가득 펼쳐놓고 보니
한가득, 너무 좋아
넉넉히 끊어 당신께 보냅니다

당신 맘 가는 대로 옷 한 벌 지어
이 밤 가기 전에 입어보신다면
별빛 문양도 끊어 보낼 테니
옷 한 벌 지어 주시면
나는 좋아라, 하겠습니다

달빛을 방안으로 들이려
당신이 있을 곳으로 창을 냅니다

당신은 너무 멀리 있어 보이지 않지만
꼭! 거기 있을 것만 같아,
달빛으로 창을 냅니다

너에게로

꿈길을 달려

너에게로 가고,

부르다 목메어

돌아오는 새벽,

달빛에 젖고,

별빛에 물들고

건너오세요

뚝배기 오가리에 된장을 풀었어요
두부도 썰어 넣고
풋고추에 파, 마늘, 양파도 넣었고요

또, 팽이버섯 고명으로 단장을 하고
햅쌀로 밥을 지어 보았는데
달리 맛이 없네요

혹 생각 있으시면 건너오시겠어요,
맛없어도 내색하지 않는
당신이라면 좋겠는데요

새 한 날에

그동안 복 많이 지으셨지요,
새날에도 복 많이 지으세요,

해서,
복이 넘쳐 주위에 흘러갈 수 있도록
그렇게 지으세요

하여,
많은 사람으로 하여금
당신의 복을 받고,
다시 일어날 수 있도록

정말,
당신의 복이 흘러넘쳐
아주 멀리까지
퍼졌으면 좋겠습니다

당신은 복 짓는 사람,
당신은 복 많은 사람,
당신은 복 주는 사람,
당신은 복의 샘물, 복의 통로,
새 한 날에 복 많이 지으세요

태나지 않게

당신의 마음에 사랑이 남았거든
남세스럽다 하지 마시고,
처음 느꼈을 그 맘 그대로
태나지 않게 나나 주세요

당신의 얼굴에 미소가 남았거든
애써 없는 듯하지 마시고,
서툰 미소라도 좋으니
태나지 않게 나나 주세요

당신의 두 손에 온정이 남았거든
뒤돌아 외면 마시고,
손끝만 내밀어도 좋으니
태나지 않게 나나 주세요

당신을 이루는 모든 것들도
누군가 당신을 위하여

받은 그대로 되돌리려
태나지 않게 나나 준 것이지요

언제나 아낌없이 받아온 것,
지금도 알 수 없이 받는 것,
나눌수록 빛처럼 밝히는 것,
태나지 않게 나나 주세요

나나/ 나누어의 사투리

2부

무서리가 온 세상을 뒤덮고 있다
마치 걷어내지 못한 아픔처럼

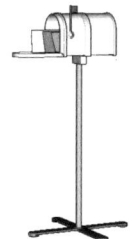

꿈 夢에 - 2

꿈속에서 달을 밟은
구름 위를 걸었습니다

걷다 다리가 아파
아무 데나 누웠습니다

눈을 감고 구름 위에서
꿈도 꾸었습니다

꿈에서 깨어보니
아직도 나는 꿈속입니다

창밖에 사랑
(당신을 잊지 못하고)

창밖을 보고서야
당신 다녀가신 줄 알았어요
아주 가끔 흩날리는 바람,
거센 폭풍, 소낙비로 오시더니
꼭 그대 흰머릴 닮았네요

서운하네요
바쁘시더라도 애써 다녀가시는 길
기침이라도 해주시죠
여태 내 앞, 처음 때처럼 쑥스러우신 건지
아니면 그냥 지나시는 길이었는지……

그렇다 해도 서운하네요
그래 진지는 잘 드시죠,
이부자린 어떠시고요,
아랫목은요,

찬 떨어지면 말씀해 주시고요
속 내의 준비해 두었으니
다음엔 그렇게 그냥 가지 마세요

무서리가 하얗게 내리고
해 뜨면 사라질 당신 모습
내게 남겨 놓은 만큼 당신 보고 싶은데
생전에 제가 드린 것이 부족한 것인지
당신은 항상 창문 밖 이만큼이군요

그럼!
어서 가세요
햇살이 들어오네요
내일 또 오시죠,
창에서 기다릴게요

하루살이

하루를 사는 하루살이는
평생인 하루를 설계합니다
날개 아래 어제의 시간 위를 날아
눈을 들어 세상으로 나아갑니다

위대한 설계자는
생명을 바친 삶을 살았습니다
돌아볼 틈 없는 하루살이 살이가
여유롭지는 않았답니다

그래도 하루
사랑도 하고,
세대를 잇고,
하루를 달려,
바다를 건너 초원에도 가고,
떨어지면 죽을 것만 같아
죽어라, 날갯짓도 하였습니다

하루살이 하루는 하루만이 아닙니다
살아있는 오늘 하루가,
평생을 설계한 하루,
나에게는 한평생입니다

석모도

내 할머니가 보았고, 내 아버지도 보았을
수천수만 번 떴을 석모도의 아침
석모도는 일출 없이 일몰만 있다
그래서 석모도 사람들은 자신의 삶도
그리될 거란 암묵으로 산다

뭍으로 향한 염원의 망태에
청춘을 파헤친 갯벌을 담고
다신 돌아오지 않기를 바라며
잠들던 석모도 앞바다에
붉은 혼령의 바람이 분다

노을에 젖고
파도에 젖은 혼합갯벌에
세월을 헤아리듯 구멍이 뚫리고
구멍마다 차올랐다 빠지는
석모도 사람들의 뜨거운 눈물

석모도에서 난
아버지의 노래는 바람이 되고
석모도에 묻힌
할머니의 찬가는 파도가 되어
붉은 해를 수평선 끝으로 밀고 있다

선악과

선악과가 꼭 구약에만 있는 것도 아니요
선악과가 꼭 에덴동산에만 있었던 것도 아니다

보아 먹음직한 건 지금도 그렇고,
보아 보암직한 건 오늘도 그렇다

변함없이 선악과를 가져온 여자는
많은 옷을 두고 더 많은 옷을 가져다
남자에게 주며 보기에 좋다 하니
그도 보기에 그렇다며 좋아한다

여자가 옷이 많아도 입을 게 없다는 것,
여자가 근심을 안고 살아가는 것,
여자가 외모를 가꾸는 본능은
절대로 우연이 아니다

선악과가 곳곳에 널렸으니

더 많은 것에 눈이 가고, 마음이 간다
또 다른 것에 유혹되고 현혹되어
유행이 지난 것은 쓸만해도 바꿔야 하고
나눔이라는 것도 충분함 뒤에 일이지
소유를 나누는 것이 아니라
위장된 적선이다

선악과가 꼭 구약에만 있는 것도 아니요
선악과가 꼭 에덴동산에만 있었던 것도 아니다

국화빵 - 1

천 원에 5개 국화빵

퇴근길 출출함이었을까,
주전부리로 먹던 국화빵
5천 원어치 싸 달라는 말에
감사의 인사를 연거푸 받고,
무슨 큰 횡재라도 한 듯
1개를 덤으로 얻어온 국화빵이
종이봉투 속에 새알처럼 담겼다

감싸 쥔 손바닥에 온기가 전해졌다
둥지에 새알도 이렇게 따스한 건
세대를 잇는 어미 새의 모성일 거다

행복을 삼키며 봉투를 내려보자
어미 새의 체온과 내 어머니의 젖내가
기억을 물고 코끝으로 날아올랐다

새끼들이 있는 둥지 우리에
갓 꺼낸 새알을 보물처럼 내어놓자
요즘 누가 이런 것을 먹느냐
동네 제과점을 떠올리며
마지못해 한 알씩 가는 손에서
빈 둥지의 쓸쓸함이 느껴졌다

기억으로 인하여 생각 나고,
추억으로 인하여 그리운 거다

너무 그러지들 마라
누군가에게는 거들떠보지 않을 국화빵이지만
누군가에게는 학비가 되고, 용돈이 되고,
생활비가 되는 목숨줄이다

국화빵 - 2

추운 겨울이 되면 시장 입구에
국화빵이 구워집니다
시장에 가시는 어머니를 따라가다
국화빵 앞에서 걸음이 느려집니다
어머니는 손을 당겨 앞으로만 나아가고
국화빵이 보이지 않는 모양입니다

정부미 한되 팔고,
두부도 반모 담고,
일 나가셨다 돌아오시는
아버지를 위하여
돼지고기 반 근 끊으시더니
돌아오는 길에
삐죽 나온 내 입을 보시고
국화빵 백 원에 열 개
봉투에 담아 주십니다

방금 구운 국화빵은
왜 그렇게 뜨거웠는지
어머니가 반으로 쪼개
뜨거운 팥소를 호! 불어
입에 넣어 주시던 국화빵
자식 입에 들어가는 거 보시며
밀가루가 맛있으면
얼마나 맛있냐 하셔도
얼마나 안쓰럽기도,
얼마나 예쁘기도 했을까요

국화빵 반쪽에 헤헤거리고,
콧물을 쓱! 닦고 엄마를 올려다보면
째진 눈을 옆으로 흘리시며
다시는 따라오지 말라는
말도 안 되는 엄포를 듣고도
눈물 콧물 뒤섞여 먹었던 국화빵입니다

어머니라는 이름

어머니라는 이름은
평생 아프다는 걸
모르시는 줄 알았습니다

맛난 것들을 화수분에서 꺼내듯
마술사 같기도 한 어머니는
아무렇지 않게 하시는 줄 알았는데
그것이 나로 인하여 그랬다는 걸
미처 알지 못하고 살았습니다

평소 약 한번 제대로 써보지 못하고
그저 마이싱, 파스만으로도 충분하다
우리들 입에 들어가는 것만 보아도
배부르시다 하시니
정말 그런 줄로만 알았습니다

어머니라는 이름

엄마, 엄니, 어메, 어멍, 어무이,
오마니, 어마이..... **高安順** 여사

이름만 불러도
치유가 되는 이름입니다

핸드폰 가게

동네에 핸드폰 가게가 새로 생겼다
어느 가게보다 깔끔하고 정갈하기가
그 속에 있는 사람은 성질도 없는 듯
생글생글 웃는 기생 연놈이 따로 없고
신모델이 반짝반짝,
신제품이 맨질맨질,

호주머니 속 구형폰 수리도 안 되고
부속품도 없다며 돈 들지 않는 무료폰
바꿔보라는 달콤함에 혹하다가도
내 손에 익어 손때도 묻고
더러는 떨어트려 생채기도 나던 날
가슴 아파했는데
어찌 하루아침 부속이 없다고 버리랴

조강지처 첫 맞선 보듯
처음 고른 모양새 눈에 들고 맘에 들어

반짝반짝, 맨질맨질, 만져만 보다
구형폰 들고 되돌아 나오는
동네 핸드폰 가게 표정이
정갈하기가 인정머리까지 정갈하다

정겨움이 싹트는 우리 집
비번을 누르고 들어서면
누가 들어오는지 마는지
구형폰 대접 만도 못 받는 저녁
우리 집 점원들, 이달 말로
잘라 버리지도 못하는 이 몸도 구형폰
내일은 또 다른 핸드폰 가게가 생기겠지

아버지의 세월

아버지 새치를 뽑으셨다

아침 머리를 감으시고
거울 앞 요리조리 머리를 돌리시면
고개가 돌아가고,
눈자위가 돌아가고,
세상이 돌아가고,

보이지 않던 세월이
이마며 눈가에 주름으로 보이면
억지 미소 한번 지으시고,
보조개 핀 얼굴 한번 툭! 치시고,
엄지와 검지를 고쳐 잡으시며

아버지 세월을 뽑으셨다

형兄

그거 알아
항상 웃었던 거,

눈을 맞으며 웃었고,
비를 맞아도 웃었고,
바람 맞고도 웃었지

모를 거야
항상 웃었던 거

별도 달도

강아지가 꼬리를 흔들고,
앞발을 들고 짖는 것은
반가움이 아니라 외로움 때문이다

목줄만큼의 자유를 받고
원을 그리며 빙빙 도는 것도,
햇볕도 앉아 늘어지는 한낮
웅크려 앉아 코를 박고 있는 것도,
자는 것이 아니라 외로움 때문이다

밤도 외로움을 달래려
캄캄한 어둠 속에 잦아들고,
별도 달도 외로워 빛을 내고,
풍경도 외로워 바람에 흔들린다

허공에 멈춰있는 강아지의 눈을 보라
작은 소리에도 소스라치게 놀라는 모습이

얼마나 그립고 외로웠는지를

그러나 결코,
강아지만 외로운 것은 아닐 것이다

살다 보면

살다 보면 없어지는 것도,
살다 보면 남아있는 것도,
살다 보면 찾고 싶은 것들이 있지요

게 중에는 진절머리도 나지만
추억이라는 기억 속에
자리한 것들도 있을 겁니다

살다 보면 그렇습니다
시간은 기억 속에 맴돌고,
기억은 시간 속에 맴돌고,

오늘,
바람 불고 비라도 내린다면
부침개 한판 굽고, 막걸릿병을 따세요
가라앉은 기억도 휘휘! 저으시고요

혹여, 얻은 것은 일상이 되었고
혹여, 잃은 것은 기억이 되었으니
원치 않아도 그랬을 겁니다

살다 보면 그렇습니다
절대로 되돌아갈 수 없는 길
그 쓰라린 가슴을 보듬고서요

부침개

비 오는 날
궁금하던 차에
부침개를 부칩니다

맑은 물 한 양푼
하얀 밀가루 한 보시기
텃밭에 나가 쪽파, 고추, 호박 하나 얼른 따고
광에서 감자 몇 개, 신김치 잘게 썰어
각기 다른 성품들을 모아
겉돌지 않게 섞어 놓지요

뒤집어 올린 솥뚜껑에 반죽을 펴고
뒤집개를 들고 바라보다가
가상 사리가 튀겨지면 휘딱! 뒤집어요

부침개가 다 익어 접시에 담아내니
젓가락이 난무하고, 조그만 입으로 넣으면

뜨거움을 식히며 삽시간에 없어집니다
고소한 냄새가 빗줄기를 타고
튀겨지는 소리가 빗소리를 타고
이웃을 불러, 마주 보며 둘러앉아

비 오는 날
궁금하던 차에
부침개를 부칩니다

3부

당신의 기억이 위안받기를 바라며

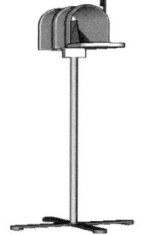

술 한잔

술잔이 이쁜데
술맛인들 안 좋을까,

백 잔에 술이 차고
안주가 좋다 해도
권커니 잣거니
그대만 할 손가

천 잔에 술이 비고
안주가 떨어지고
쌓지도 못한 정
검불처럼 날리어도

이보쇼!
명계冥界 가시는 양반
동행 없는 초행길에
이 잔 한잔 받고 가소

지평 광탄

이보시게,
언제 밥 한번 먹자며
술은 자네가 산다고 자리 만들자더니
그래! 그간 어찌 지내셨는가

술은 지평이 제격이고
밥은 광탄, 회령 만둣국이 좋으니
경황이 없더라도 일간 한번 봐야 하는 건
자네에게 꼭 할 말도 있고 해서내

화사한 이 봄도 꽃 지듯
우리들 청춘도 진다네
아무리 그 일이 서운타고
어찌 이리 매정한지
우리가 어데, 한두 해 알던 사인가
우리가 어데, 한두 번 만난 사인가
어릴 적 자네 어머니 수제비 떼시며

부뚜막에 앉아 웃으시던 모습
지금도 눈앞에 선한데
그때 찾아뵙지 못한 것,
마지막 인사도 못 드린 것,
정말로 죄송허고, 정말로 미안허네

그래도 그렇지
어찌 내 맘은 전혀 알려 않으시는가
아무리 내 집안일이 중 혀도
자네 어머니 일은 정말로 미안허네
어릴 적 자네 집에서 밥도, 잠도 같이 먹고 자고
너그들은 외동아들 형제처럼 지내그라
이뻐해 주시던 어머닌데
내 어찌 잊었겠는가

우리 엄니 수술하던 날
걱정 말고 자네게로 가보라 했지만

자네도 알다시피 울 엄니 혼자되고
온갖 풍파, 나 하나 보고 사신 분 아닌가

세월이 유수 같다더니, 깨복쟁이 우리도
이 나이가 될 줄은 미처 몰랐네
세월이 어찌 이리도 야속하단 말인가

우리 엄니 보내드리고 돌아보니
서운했던 자네 맘 이제사 알 것 같네
그래도 언제 밥 한번 먹자더니
이리 가시면 난들 혼자 어쩌겠나
이렇게 자네 먼저 앞세우고
저승 밥, 눈물 밥, 목이 메이네

자네 이리 먼저 가시는 것,
자식들 돌볼 새도 없이 그냥 가시는 것,
사람들 불쌍타 말들이 많아도
어머님 보고 잡은 맘, 나는 알 것네

그러니 가서 뵙거든 큰절 올리고
이곳에서 못다 한 정성 그곳에서 해드리시게
혹여 내 걱정일랑 물으시면

그놈의 자식 걱정은 뭔 걱정이냐
쌍스럽게 욕도 하고, 흉봐도 좋으니
나케 나 가거들랑 밥 한번 꼭 먹세

이불속 겨울

바람이 심한 밤일수록
한겨울 아침 이불속은 따뜻하지요
꿈속을 풀 방 구리마냥
이리저리 돌아다니다,
실눈을 뜨고 얼굴을 내밀면
웃풍이 콧등에 내려앉아요

고개를 돌려 창을 보면
아침은 아직 더디고,
꽉 찬 방광에 오줌이 마려워도,
따뜻한 이불 속이 너무 좋아
눈을 감고 끊긴 꿈을 이어갑니다

내 자리는 아버지 곁,
어머니 옆은 동생들 차지입니다
형님은 자기 방에서 방학을 보내고,
장난치다 이불 밑으로 바람이라도 들어오면

동생들은 악머구리 소리 지르며
발길질로 난리가 나지요

일찍 일어나시는 아버지는
먼 기억 속에서 항상
조심스럽게 이불을 걷으시며
찬바람이 들어오지 않게 하시려고
내 쪽 이불을 눌러 주셨답니다

따뜻한 이불속은 또 다른 겨울입니다
꼬무락거리는 발가락은 아랫목을 찾아가고,
두꺼운 솜이불을 높이 세워 터널도 만들고,
밤새 가지고 논 아버지의 야광 시계는
반딧불이가 되어 꿈으로 날아드는
내 어릴 적 꿈의 겨울입니다

농장을 오르다가

아! 힘들어
여기서 잠시 쉬었으면 좋겠다
하고 빌려 앉은 바위 주변은
온통 똥 밭이었어

하늘을 향한 푸른 대궁에 찌처럼 달린 꽃들은
스치는 바람을 피해 가며
하늘 물에 햇살을 낚고 있었는데
그렇게 애기똥풀은 봄을 이겨내는 듯,
땅을 치닫고 일어서는 듯해

삵을 하는 셈도 치고 어울릴 것 같기도 해서
노랑과 하양을 던지듯 내려놓았을까,
배추흰나비는 그렇게 잘 어울릴 수가 없는 거야

일어나 산길을 마저 오르는데
저만치 앉은 보라 제비꽃들이

마중을 나와 앞장을 서

오르는 내내 생각을 했지
그들은 이 봄이 다하도록
몸을 비비고 입을 맞추고
훼방하는 바람을 꽃잎이 가려 주기도 하며
그곳에 머물겠지요

성형외과

날카로운 스테인리스 칼끝에
무영등 불빛이 떨어진다

예리하게 베인 불빛은
청춘의 바다에 스미고
굳어진 세월이 정적과 살아나
칼끝과 대면을 하고 있다

나는 지금 유년의 때로 가려 한다

내 기억 속 해맑던 푸르름,
탱탱한 가슴으로 세상을 가르며
매끄러운 촉감이 그립던 기억
나는 신의 무지를 곁눈질하며
청춘의 바다로 항해를 떠난다

붉은빛 청춘의 바다

아무리 좁은 한 뼘이라지만
한평생 세월을 품고
웃음과 울음이 교차하는 바다에
낯설고 긴 철 실뱀 한 마리가
낚싯줄을 달고 요동을 친다

혹독한 대가를 치른 청춘의 바다

절망의 닻을 올리고,
새날의 돛을 펼칠지니
가방 속 구릿빛 지퍼를 개방하고
현금을 거머쥔 손에 어찌 주저함이 있으랴
이년들아! 들어는 봤나,
내 청춘에 건배 브라보니라

빳따

그땐 그랬다
빳따 하나면 불가능한 것들도
빳따 하나면 아무리 힘들어도
빳따 하나면 안 되는 게 없었다

정말 그랬다
개꿈이라도 꾸어야 하는 꿈
내일을 위하여 목숨줄을 걸고
청춘도, 사랑도, 의리로 버텨야 했던 빳따

어차피 받아야 할 빳따라면,
어차피 피할 수 없는 빳따라면,
차라리 앞줄,
먼저 맞는 빳따가 게 중 나았다

빳따의 약발은 빠르고 직방이다
허벅지에 불이 나도 감각은 살아

몸이 먼저 알고,
몸이 스스로 움직였다

빳따 한 대도 안 맞았다
잘난 척하지 마라
빳따 한 대도 안 쳐봤다
착한 척하지 마라

보리밥 짬으로 하루를 뛰고
내 아버지가 어금니로 받던 빳따기에
쌀밥에 가죽신도 신고
자가용 타는 호사도 하는 거다

그땐 그랬다
빳따 하나면 안 되는 게 없어,
권똘* 군의관도 할 수만 있었다면
빳따를 처방전으로 썼을 것이다.

* 권똘/ 권영석

김장하는 날

따르릉

어머니께서 전화하셨네요
오늘 김장을 하니, 내일 저녁에 가져가랍니다
젓갈을 넣어 담그는 김장김치,
깍두기보다 총각무 김치가 좋은 것은
육질이 다르고 씹는 맛도 달라
아삭아삭! 꼬드득! 총각무 씹는 맛으로
행복하다 못해 총각 시절로 돌아갑니다

무채를 썰 때는 손 조심을 해야지요
잘못하면 무도 썰고, 손도 썰고,
일 못 하는 놈이 티 낸다고
보쌈김치 먹을 때 욕도 같이 싸 먹게 돼요

무채가 다 되었으면 태양초 두 가지
빛깔 좋고, 단맛 나는 것과

단골집에서 특별히 주문해 아껴둔
고춧가루 탈탈! 털어 넣고
새우젓 위에 버무릴 때 대파, 실파, 다진 마늘,
찹쌀풀, 갓, 미나리, 생강, 액젓들을 어머니
손맛이라는데 입맛 지휘 아래 팍팍! 뿌리고
힘차게 버무리고 나서 노란 속 절인 배추 하나씩
손에 들고 양념 속을 감아 입속에 넣어 맛을 보고
있자면 절인 배추가 들어옵니다

절인 배춧잎 사이 양념을 넣고,
이쁘게 둘둘 말아 김치통에 넣기 시작하면
인제야 어머니 얼굴에 미소가 지어지고,
올해도 나누어줄 자식새끼 얼굴이 떠올라
충분한 양념을 한 움큼 더 넣어줍니다
아무리 제 마누라가 좋아도 김치맛은 역시
엄마표지요

앞으로 몇 번을 더하실지 모를 김장

TV 방송에서는 번거로운 김장
엄마표로 주문을 받는다는 광고가 나오자
내년부턴 저거나 사 먹어라
맘에도 없는 말씀을 하시며 일어서시는
어머니의 아! 야-야-야 신음이
그러잖아도 죄송한 자식들 가슴을 파고듭니다

구수하게 삶은 사태와 보쌈
추운 만큼 맛있게 먹는 김장김치
큼지막한 굴도 한 접시 담아
절인 배춧속에 감아 먹는 올겨울 김장하는 날
웃음이 버무려지고,
정겨움이 베어 가고,
행복이 익어 갑니다

밤은 잠들어야 한다

밤은 아픔과 슬픔을 내려놓는
고요가 흐르는 망각의 바다
내 기억 속 미완의 세계가 완성되는 곳

바다는 수많은 아픔이 흐르고,
알 수도 없는 날카로운 이빨들이 번뜩이고,
헤엄쳐 나오지 못한 안타까운 환영들이 걸려 있다

끝 모를 어둠의 터널을 지나 첫새벽까지
잠이라는 조각배를 저어 가는
망각의 바다에 고달픈 사공

고된 시간을 보내며 꿈을 꾸고,
고된 시간이 쌓여 아침을 맞고,
기억은 망각 속으로 잊혀졌다

모닥불이 좋은걸요

누구든지 좋은 생각이 나면
사각거리는 연필로 공책에
어떻게 될지도 모를 기억을 적어놓지요
그렇게 적은 글들은 다른 글들과
포개어 앉아 이야기가 되어갑니다

연필 글 속에는 바람도 불고, 물도 흐르고,
지나간 시간이지만 거기에 당신도 있답니다
계절에 옷을 나풀거리며 나를 봐요
햇살도 비껴가고, 바람도 비껴가고
향기도, 소리도, 기억이라 말하는 것들이
연필 글 속에 살아 있지요

바람이 불면 모닥불을 피웁니다
속살을 드러낸 통나무 서너 개 쌓아놓고,
잔가지 한 움큼 속살 밑에 밀어 넣고,
연필 글 종이를 구겨 불쏘시개로

불을 피우고 둘러앉으면 좋은 기분이 드는데,
연필 글 속 이야기가
불꽃 속에서 활활 날아오르고
당신의 마음이 타닥타닥!
되살기 때문입니다

메다(Meter)방

나는 측정 계기판에 메다(Meter)방

보이지 않는 힘을 바늘로 보이며
외눈에 단 안경 외바늘 하나 품고 있다

나는 평생 숫자 위를 달렸다
있는 만큼 달리고,
주는 만큼 멈추고,
내가 달리다 서는 곳,
내가 멈추어 가리키는 곳,
그 숫자는 정의롭고 거짓 없이 정직하다

모두가 나를 믿는다
나는 믿음이다

모든 시선이 내게로 향하는 시간이다
나는 외눈 너머로 나를 보는 눈들을 바라본다

이놈들은 하나같이 쌍 눈들이다
나를 향하는 쌍 눈의 간절함은
내가 이들을 인도하기 때문이다
나는 정직을 넘어 진리에 가깝다
내가 조금이라도 움직여 준다면
쌍 눈들은 살아있음에 감사한다

나를 따르라
너희를 자유롭게 하리라

내 세상은 외눈 알 속, 아무도 들어오지 못한다
그만큼 나는 미세하고, 예민하며, 정밀하다
범접할 수 없는 성스러운 궁전이다
내가 머무는 숫자에 삶이 있다
감사와 절망의 갈림길이 나타나고
쌍 눈들의 활약이 기대되는 순간이다
절망의 늪에서 나를 바라보다
쌍 눈은 새 희망을 찾게 된다

내가 움직인다는 것은
살아있다는 희망

나는 측정 계기판에 메다(Meter)방이다

메다방/ 미터(Meter)기

꽁찌

살다 보니

뜀박질도 꽁찌, 키도 꽁찌,
생긴 것도 꽁찌, 유행도 꽁찌,
싸움도 꽁찌

맨날 꽁찌 더니

이별도 꽁찌, 퇴직도 꽁찌,
병원도 꽁찌, 늙는 것도 꽁찌,
저승길 가는 것도 꽁찌

푸 하하하!

꽁찌/ 꼴찌의 옛말

아수라 반사

우리 엄마는 아수라 백작

집에서는 잔소리 대왕
다니는 교회학교에서는
예수님의 사랑, 천사표 반사
나는 우리 엄마가 싫다

우리 엄마 이 집사님은 교회학교 선생님

그것도, 내가 학년이 올라가면
똑같이 올라가서 담임을 하는데
나를 잡아먹으려는 것이 분명하다

간식을 나눠줄 때는
크거나 이쁜 것을 골라주시는데
나는 이러는 엄마가 너무나 싫다
아이들이 자꾸만 내 주위로 몰려들어

나를 귀찮게 한다
그러면 엄마는 나에게만 줄 수 없어
모두에게 나누어 주다 쭉정이가 온다

나는 우리 엄마가 너무나 싫다

간혹 엄마의 사랑이 무엇인지 알고 싶지만
주님의 끝없는 사랑만 이야기하고,
엄마의 사랑은 끝없는 잔소리만 하는
우리 엄마가 너무나 싫은데
그런 엄마랑 사는 아빠는 괜찮은 모양이다

반사/ 주일학교 교사

믿을 수 없는 일

도대체 믿을 수가 없다
그가 왜 날 위해 죽었는지

내가 태어나기 한참 전 일이다
내가 무슨 잘못을 하였다고
대체 무슨 죽을 짓을 하였다고
태어나기도 전에 대신 죽었단 말인가
대신 죽어 달라 말한 적도 없는데
어떻게 태어나기도 전에 죽었단 말인가

정말 이상하고 모를 사람이다
미쳤거나 꿍꿍이가 있는 거 같아
알아보니 책을 한 권 남겼다고 한다
깨알 같은 이유를 적었는데
보통 심각한 일이 아니다
이리 꿰면 이리 꿰이고, 저리 꿰면 저리 꿰어지는
이상한 말들이 쓰여 있단다

읽어본 사람들도 이상해진다고 하니
정말 이상한 사람이 틀림없는 듯하다

도대체 믿을 수가 없다
그가 왜 날 위해 죽었는지

한참이나 생각해 보았다
그래도 이유가 있지 않을까,
당시에 어떤 일들이 있었던 것일까,
예전에는 부자들이 죽을죄를 진 뒤
대신 죽어 주는 일 같은 것이 있었다는데
혹은 지금도 가끔 있는 목숨을 버리는 사람들이
흔히 하는 말 중에 사랑하였기에 하는 것일까,
아무리 생각해도 모를 일이다

그를 잘 안다는 사람 중에
가끔 사기 행각이 들통난 목사라는 사람이 있다

예의 그 책으로 사기 치는 사람이다
어찌나 이리저리 꿰기를 잘하는지
짜깁기 기술이 신비롭기까지 하다
심지어 죽으라면 죽기까지 하고
이것저것 다 가져 바치다 못해 몸도 바쳤단다

도대체 믿을 수가 없다
그가 왜 날 위해 죽었는지

다니며 밥을 얻어먹는데 수법이 잔인하다
도대체 열두 명씩이나 몰려다니며
대문으로 들어오면 겁 안 날 사람이 어디 있겠는가
그것도 옷 한 벌이면 충분 두벌이면 사치
사기꾼보다는 거지 왕초 같기도 하고
지역을 넓히려는 조직 폭력배 무리 같은데
행동 강령이 땅끝까지 라며 갈 데까지 간다는 거다

결국 여기저기에 패거리들을 잔뜩 만들었다

그 패거리 제자라는 사람을 만난 적이 있다
다행으로 놀라지도 겁먹지도 않은 것은
열둘이 아니라 단 두 명이 왔기 때문이다
아무래도 그 옛날보다 더 많아졌는데
두 명만 보낸 걸 보니 수법을 바꿨나 보다
역시 이리저리 꿰는 수법이 달인 경지다
이유가 무엇인지 궁금하기도 하여
그에 집에 가 보았다

그의 집은 우리 집보다 크고 좋았다
먼저 기를 죽이려는 수법인 거 같다
순간 이것들이 나를 호구로 봤나,
그래도 옷이 서너 벌에 밥은 사 먹는 사람인데
사람 잘못 보기는 한참 잘못 봤지,

이런 부류의 사람들은 우선 의젓하게 점잔을 빼고
근엄하게 턱에 힘을 지그시 주며 아래로 깔고
실눈을 뜨고 있어야 한다는 걸 알기에
그렇게 하고 앉아 뭐라 하는지 지켜보았다

도대체 믿을 수가 없다
그가 왜 날 위해 죽었는지

뉴스 방송에서 나온 이야기를 하고 있었다
물에 빠진 학생 3명을 구하고
자신은 죽은 어느 대학생의 이야기다
그리고 그의 장례식장에 목숨을 구한 사람들이
찾아오지 않아 사회적으로 공분을 샀던 이야기다
어찌 인간의 탈을 쓰고 그럴 수 있느냐
어떤 보상을 바라는 것도 아니요
그저 장례식에 참석하여 의로운 죽음에 대한
감사와 고마움을 전하는 것이 전부인데

사회 전체가 탈 인간성에 대하여 회의마저 느낀다 하였다
꽤 재미난 이야기들을 하고 있었다
사람이길 거부하는 것이며 헛된 개죽음으로
만드는 것이라 생각했다

별다른 일 없이 집으로 돌아오는 길에
사기꾼 같은 목사의 말이 떠올랐다
남을 위하여 대신 죽는 것은 잘못이 아닙니다
그 죽음을 값있게도 값없게도 하는 것은
죽은 사람이 하는 게 아니라 그 죽음에서
살아났다고 믿는 사람이 하는 것이란다
그러고 보니 날 위해 죽었다는 그가 떠올랐다
누가 죽어 달라고 했던가
더군다나 나는 물에 빠진 일도 없는데
그런데도 그는 날 위해 죽었단다
나는 걸음을 멈춰서서
패거리들의 연장을 바라보았다

그날 그렇게나 많은 십자가가
하늘에 떠 있다는 걸 처음 알았다
한참을 그렇게 서서 생각해 보았다
그가 죽고 내가 산 것이 정말이라면
늦었더라도 술 한잔 제사라도 지내야 하지만
나도 모른 척한다면 그에 죽음도 개죽음이라
처음으로 나의 죄가 무엇인지 생각하게 되었다

나는 알고 싶게 되었다
그가 왜 날 위해 죽었는지

춘천 가는 길

공지천 길은 두텁게 이끼가 덮이고,
기억은 저만치서 굽어집니다

바람이 불어 가는 곳으로
추억은 스러져 길을 만들고,
주름진 당신의 헤픈 웃음이
들릴 것만 같아,

여비 없이
굽은 길을 나섰습니다

변산바람꽃

나를 잊지 않았다면
보았을 그때를 기억한다면
처음 기억을 꺼내 들고서
다시 보기로 하였는데

꼭! 이곳, 여기서
다시 보기로 하였는데

무고하여 자릴 비웠다가도
해찰버릇 버리지 못하고
장거릴 쏘댕기다가도
나와의 약조는 잊지 않는다 하였는데

아마도 바람이 난 게야, 분명 그런 게야,
그리 다짐을 하더니, 사단이 나고 만 게야,
그래서 날 잊은 게야,

이렇게 바람 부는 변산에 홀로 둔 게지
눈 이슬, 얼음 아래 나를 팽개쳐 두고
까맣게 잊은 게야

변산바람꽃 꽃말/ 덧없는 사랑

4부

아! 조국이여

거리 두기

손잡은 만큼의 가까움은
우리가 서로 정을 나눔이요
손 뻗은 만큼의 사이 거리는
우리가 서로 예를 갖춤이다

잡은 손을 잠시 놓고
거리 두기를 하자는 것은
정을 나누고, 경솔함 없이
더욱더 예를 다하자는 것
닿을 만큼만 두는 것이지
멀어지자는 것이 아니다

놓은 손의 그리움을 안고,
잡은 손의 다정함을 안고,
우리의 바람은 애끊음이니
우리가 더욱더 그리워함이다

바람의 노래

바람이 내게 흔들리라 합니다

숲에 나무가 흔들리고,
들에 풀들이 흔들리고,
갈대가 의미 없이 흔들리는 것 같지만,
서로 얽혔다가 풀렸다가
부딪치며 사는 것이랍니다

고목이 부러지는 것을 보라 합니다
흔들리는 것은 몸을 구부려
스치는 바람의 소리를 내지만
부러지는 것은 생에 듣지도 못할
비명을 지를 것이랍니다

부딪치며 살아가라 합니다
얽히며 살아가라 합니다
더는 홀로 서 있지 말고

바람의 노래를 들으라 합니다
넘어지면 일어나기도,
힘들면 주저앉기도 하며
그렇게 사는 것이라 합니다

바람이 내게 흔들리라 합니다

담

담이 하나 있다
그 담을 사이에 두고 사람들이 나뉘어 있다

구치소 담벼락에는 작은 문이 있다
간혹 사람들이 서로 드나들기도 한다

집 없는 사람을 만난 적이 있다
그는 집이 없어 쓸쓸하다고 말하였다
구치소 사람은 모두가 집이 있다

구치소 밖에는 사람이 많다
구치소 안쪽은 사람이 적다
구치소 안쪽은 죄를 들킨 사람들이다
구치소 밖에는 죄를 들키지 않은 사람들이다

들통난 사람 보다
들통날 사람이 더 많다는 거다

나도 잘못한 죄가 있다
많아도 아주 많다
나도 분명 구치소 사람이다
적어도 내 양심에서는 그렇다
나도 구치소에 내 집 하나 있는 셈이다

줄 하나
(군인이 되겠다는 아들을 보내며)

너를 보내던 날 아침
어떡하든 잊지 않으려
줄 하나 들려 보냈다

너무 가늘어 없는 듯하고
가늠 없이 굵어져
가슴 한복판을 뚫고 나올 땐
복받치는 소리도 새어 나왔다

바람을 가르는 가오리연에도
철조망을 바라보는 시린 눈빛에도
한길에 서 있는 늙은 어미의 민낯에도
줄 하나 이어져 있듯

그 줄 끝이 어디까지
이어질지는 생각지도 못하고
너를 보내던 그 아침

너의 두 눈에 넣어 보내고
나의 가슴에 넣어 놓았다

현관 앞 계단에 하얗게 눈이 쌓이면
첫 발자국을 찍어 너에게로 가고
힘없이 돌아와 웅크려 눕는 자리는
예전의 자리가 아니며
냉기와 수차례 뒤척이다 맞는 새벽
내쉬는 호흡조차 생소한 듯하지만

내 가슴속 줄 하나 당기면
너에게로 갈 수 있도록
그렇게 줄 하나 메어 놓았다

슬픈 고래

저 멀리 태평양에 비가 내린다
그 빗속에 고래 한 마리 울고 있다
고래는 쉽게 울지 않는다지만
고래도 슬픔에 울고,
고래도 기쁨에 소리쳐 운다

바다에 사는 고래가,
넓은 바다 고래가,
무슨 일이 있으랴 마는
바다에 이는 파도와 폭풍이
이유 없이 시작되지 않는다

한 뜻 하나의 바다
요동칠 일이 없지만
앙금이 씻기어 이룬 바다엔
수많은 아픔이 있다

숙명처럼 흘러간 우리의 바다
언제부턴가 바다엔 역사가 없다
파도에 떠밀린 조개가 뒹굴다 묻히고,
신념 하나로 서 있던 바위엔 구멍이 뚫리고,
슬픈 고래 한 마리 바다에서 울 뿐이다

비와 창

창문에 묻어 있는 빗방울을 본 적이 있나요,
투명창밖에 맺힌 물방울 속엔
작은 세상이 들어앉았지요

작은 세상은 합쳐져 더욱 커질 거 같았지만
방울방울! 맺혔다 흘러내리고 마는
빗방울은 그렇게 세상을 품었던 겁니다

창문에 묻어 있는 빗방울을 본 적이 있나요,
바깥이라 닦아 내지도 못한 눈물처럼
손 내밀어 밀어도 밀리지 않지요

모두가 흘려온 수많은 눈물은
어찌 보면 한 가지였을 수도 있을
빗방울은 그렇게 세상에 울었던 겁니다

창문에 묻어 있는 빗방울을 본 적이 있나요,

헤아릴 수 없는 부딪침은 전쟁,
생사를 건 오늘은 어제의 전선,

그 투혼이 살아 금을 긋고,
그 투혼이 남아 깨어지도록
빗방울은 그렇게 세상에 두드렸던 겁니다

창문에 묻어 있는 빗방울을 본 적이 있나요,
투명창밖에 애원하듯 머물다
떨어지는 빗방울은 아픔,

매달리다, 매달리다,
울림으로 세상을 적시는
빗방울은 그렇게 천둥으로 소리쳤던 겁니다

믿는 자여 어이할꼬

그날,

푸른 감이 익어가는 10월
눈을 들어 北岳을 보던 날
正義를 밝히려는 눈동자엔
꺼질듯한 뜨거움이 솟구치고
들불처럼 일어났던 光化門에
촛불이 하나둘 밝혀지고 있었다

죽기를 **覺悟**했을까,
살기를 **覺悟**했을까,

유모차에 아이를 태우고
휠체어에 앉아 목이 터져라 소리쳐
이게! 나라냐,
되묻기를 수백,
光化門은 문을 열고야 말았다

어이가 없고 아쉬움이 없는 건 아니었다
우리가 선택하고 믿었던 北岳
촛불은 불꽃에서 불길로 타올랐으며
巫堂의 奸計에 빠진 나라가
돼지머리 위에서 난도질을 당하고 있었다

그러더니,

나뉜 나라 하나로 만든다, 오가더니
옛 친구는 잃고 호구만 제대로 잡혔다
그 방면에 전문가라 모아 놓은 것들
하나같이 그 방면에 同志들
어제는 獨立 鬪士,
오늘은 民主 鬪士,
報勳處가 앞장서서 개거품을 물었다

하! 세월이 수상 타더니
세상 온통 수상한 鬪士 천지

獨立 鬪士 등에 업고 설치듯 民主 鬪士 설쳐댄다
公搜處는 여론몰이, 실상은 생각 없고,
民主 鬪士 잡아간다, 背恩忘德도 有分數
妙手인가 싶었더니 惡手를 두었구나

곳곳마다 탄식 소리 세상 끝 어디인가
이 祖國 관심 없고, 이 國民 관심 없다
목적이 政權이라 묘책이 左右分籬
낯짝이 두꺼운지 뻔뻔하기 한이 없고
남 탓이 능숙하니 言辯이 能辯이요
남 자식은 아니 되고, 내 자식은 해도 되니
俄是他非, 曺是他非, 秋是他非 판이라
北岳 하나 믿고 사는, 믿는 자여 어이할꼬

꽃에서 배운다

꽃은 알고 있었다
아름답다며 피는 것은 거짓이며
자신을 떨구어 버리는 것이 참이라는 것을

꽃은 알고 있었다
꽃잎이 떨어진 담에야 열매를 맺고
꽃잎이 떨어진 후에야 결실을 이룬다는 것을

나는 거짓과 미혹으로 차려입고
꿀의 달콤함을 혜택과 특권이라 여기며
지지 않는 꽃이라 생각했다

꽃은 알고 있었다
여태 나는
헛것으로 살았다

아들을 안고 달리던 날

아들을 안고 달렸습니다

뒷머리에 피를 흘리며 웁니다
아파서 우는지 내려 달라는 것인지
콧물 눈물 뒤범벅이 되어 웁니다
아내도 뒤따라오며 같이 웁니다
모자 뒤에 예뻐지라고 꽂아둔 곰돌이 푸 머리핀이
넘어지며 뒷머리에 그대로 박힌 것입니다

아들을 안고 달렸습니다

저만치 병원이 보입니다
아내는 괜찮아하고 묻는데
아들은 들리지 않는 모양인지
아야 해 아야! 하며 엉엉! 아프게 웁니다
달리다 숨이 차올라 조금 걸었습니다
옆에서 같이 달리던 아내가

자신의 괜한 일로 커진 것이 안쓰러워
피를 닦으며 상처를 보려고 하자
고개를 저의며 더욱더 웁니다

아들을 안고 달렸습니다

그나마 3살배기라 가볍다고 생각하였습니다
병원은 2층, 계단 앞에 도착하였습니다
상처를 누르고 있던 손을 다시 고쳐 누르고
가쁜 숨을 몰아쉬었습니다

단거리 선상에서 뛰쳐나가듯
두 계단씩 오르며 달렸습니다
달리며 긴급이라 소리쳤습니다
허둥대며 나온 간호사가 문을 열어줍니다
수술대에 누운 아들은 주변을 살피더니
비명을 질렀습니다

아들을 내려놓는데
그렇게나 내려달라 소리쳐 울던 아들이
내 목을 움켜 안고 부들부들 떨며
아빠! 아니야, 아빠! 아니야
집에 간다며 제 눈에 애원합니다

아들을 안고 달렸습니다
이렇게나 오랫동안 아들을 안은 적이 없었습니다

여자는

여자는
연필깎이 같은 존재다

당신을 이쁘고, 보기 좋고,
쓸만하게 만들지만

언젠가는
몽땅,
깎아 버릴 것이다

부침개 세상 열다

두레박을 내려 물을 긷다
깊지 않은 양푼에 구름을 내려 앉히고
한 접시를 내어 하늘을 담았습니다

길은 물에 흰 구름을 둥글게 풀어
흩어있던 심성들을 버무리고
겉돌던 성품을 한데 모았네요

솟은 것은 살짝 누르고, 눌린 것은 봉긋 세워
모나지 않게 엇비슷 꾹꾹 눌러 펼치다가
세상도 이렇게 둥글 평평하게 하였나 싶습니다

연기가 피어나고 기름불이 타오르고
해함도, 상함도 없이 하나가 되면
품성이 거듭나 위아래를 뒤집습니다

하늘에 담아내니 비도 내립니다
천둥이 우르릉! 쾅! 벼락도 떨어져
벌리어 강이 되고, 갈리어 육지가 되고

저만치 하늘로 치솟기도 하다가
이만치 땅으로 꺼지기도 할 사이
흔적 없이 마파람에 게 눈을 감췄습니다

아침 현장

적막으로 시작되는 아침 현장
사격장처럼 요란스러운
망치질 소리도 들리지 않고
이슬을 머금은 아침 공기는
뜨거운 오후를 생각하게 하지만
꿉꿉함이 우선으로 편치 않다

일정을 생각하고,
일당을 생각하고,
내일을 생각하고,
눈에 밟히는 손자를 생각하고,
마누라의 목소리가 환청으로 울리는
핸드폰 화면을 보는 순간
구부린 담뱃재가 근심과 함께 떨어졌다

오늘 하루만이라도 망치가 되어
철못 이기도, 각목 이기도,

폼에 붙어 있던 시멘트며 솟아난 철근이고
틀어진 구조물의 설주이길 애원하며
악덕 업주 미간을 노리는 아침 현장

어느 틈엔가 망치질 소리가 되살아나고
무언가 찾는 소리가 날아다니고
철근 끄는 소리,
기침 소리,
톱질 소리가 살아
샤뽀드 사이를 헤집고 있다

불알 두 쪽

어찌 헐거나 어찌 헐거나
살던 집에 불이나 타 버리고
남은 게 하나 없이 재만 남아
바람에 흩날리는 먼지가 되었네

혹자는 다른 집에 다시 살면 된다고
이런 일이 한두 번이었냐 하지만
더는 우리 집이라 할 수 없고
우리는 기억 속에 남겨진 흔적

우리가 찾던 忠誠 名譽 正義는
오히려 살아남은 자들에게 불편함이 되어
우리를 모른다고 할 것이니
이제는 그들에게 客도 아닌 乞人에 가깝다

불 놓은 者는 이제야 쫓아냈다 하고
쫓겨난 者는 설마 하다 코가 석 자

奸計의 居間꾼은 자리를 보장받고
믿음의 忠信은 지푸라기 잡는 形色

떠나자니 아쉽고 머물자니 궁색하다
忠誠의 太極旗는 바람에도 멈추었고,
制服은 구겨지고 名譽는 뜯겨지고,
어제의 要視人이 내일은 上官이 되겠구나

陰地에 있는 사람 陽地에 꺼내 놓고
이리 뒤적 저리 뒤적 억지로 꿰맞추다
不寢番도 안 서본 者가 입맛대로 정리하니
니기미 동네북, 홍어 좆이 따로 없다

어찌할 일도 아니요 어찌할 바도 아니다
모진 놈 만났으니 모진 일은 당연지사
어데 잃어버린 소가 한두 마리였던가
이놈의 외양간 고치는 것도 이골났다

살던 집에 불이나 세간살이 홀라당,
성한 살림 뒷짐 지다 민심도 발라당,
죽은 자식 불알만 만지작만지작
에이고! 이 병신아! 무덤 자릴 몰랐구나

시평 해설

자연 속에 숨겨진 하나님의 뜻 찾기
-유의 朴隼寧의 詩 세계

유 승 우(시인 · 문학박사)

1. 하나님과의 교신(交信)

사람을 가리켜 '만물의 영장(靈長)'이라고 한다. 참 좋은 이름이다. 이 이름을 우리말로 옮기면 '임금'이다. '임금'의 '임'은 하늘(天神)이고, '금'은 땅(地神)이라고 한다. 그렇다면 '임금'은 하늘과 땅이 하나로 어울린 사람의 이름이다. 하늘은 사람의 마음(靈魂)이 되고, 땅은 사람의 육신(肉身)이 되어 사람이란 몸을 이룬 것이다. 그렇다. 사람은 '임(영혼)'과 '금(육신)'을 모은 몸이다. 그래서 몸이란 말은 사람에게만 쓰인다. 기어 다니는 동물은 몸이라 하지 않는다. 소나 돼지는 몸이 좋아졌다고 하지 않는다. 그렇다면 누가 '영(靈)'과 '육(肉)'을 모아 몸이 되게 했는가? 성경에서는 "하나님이 땅의 흙으로 사람을 지으시고 생기를 그 코에 불어넣으시니 사람이 생령이 되니라"라고 했다. 하나님이 땅의 흙으로 육신을 지으시고, 하나님의 생기를 불어넣으시어 생령(生靈)이 된 사람이 곧 〈영+육=1〉이 된 몸이다. 생령이 된 사람은 하나님과 믿음으로 사귀는 교신(交信)을 하게 된다. 그래서 사람은 만물의 영장이며, 임금이다.

임금을 뜻하는 한자에는 임금 왕(王)자와 임금 주(主)자가 있다. 왕은 전쟁에서 이긴 한 사람만이 되는 임금이고, 주는 자신의 몸을 바쳐 사람에게 소망과 사랑을 주는 임금이다. 임금 주(主)자의 밑 부분(王)은 왕이 아니라 촛대의 상형이고, 위의 점은 촛불을 상형한 것이기 때문에, 스스로 촛불이 되어 자신의 몸을 태워 모두에게 빛과 열을 주는 임금이 곧 주이다. 주(主)의 우리말은 '임'이며, '임'은 서로가 사랑하는 대상이다. 현대에는 전쟁에서 이겨 임금이 되는 왕은 없어지고, 모두가 서로 사랑하는 '임'이 되어야 하는 민주(民主)의 시대이다. 하나님과 믿음으로 사귀는 서신이 편지이며, 하나님과 주고받는 편지가 바로 시(詩)이다. 그러면 유의 朴隼寧 시인이 하나님과 주고받은 서신을 보기로 하자.

이 비밀은 만세와 만대로부터 감추어졌던 것인데
이제는 그의 성도들에게 나타났고/골 1:26

나에게 詩는 하나님이 주시는 손편지다.
온전히 주님의 것이며 우리를 통하여 보이는 의미며 뜻이다.
창조주의 숨은 의도가 우리를 통하여 드러나고

나타나는 것이지 우리가 만들고 創作한 것이 아니다.
하늘과 자연을 설계하고, 돌과 바람, 안개를
풀어놓은 디자인 속에 우리를 만드신 創造에는 뜻과 意味가
있다.
나는 創造主의 숨은 의도 찾기 프로젝트팀의
일원으로 바람의 기억과 흔적, 난장과 아이의
눈물에서도 그의 손편지를 찾고 있다.

ㅡ「詩는 그의 손편지-시인의 말」 전문

　하나님의 형상대로 창조된 사람은 모두가 임금이며, 성도이다. 이 비밀이 성도에게 나타난 것이다. 그래서 유의는 "나에게 詩는 하나님이 주시는 손편지다."라고 한 것이다. 시는 원래 하나님과 주고받는 편지 곧 서신(書信)이다. 이를 가리켜 시론에서는 '시는 神話이다.'라고 한다. 이 말은 시의 내용적 정의이다. 신화의 의미를 신화학자는 '신과의 대화' 곧 '하나님과의 대화'라고 한다. 그러니까 시의 내용은 하나님과의 대화라는 것이다. 그래서 유의는 "하늘과 자연을 설계하고, 돌과 바람, 안개를 풀어놓은 디자인 속에 우리를 만드신 創造에는 뜻과 意味가 있다."고 전제하고, "나는 創造主의 숨은 의도 찾기 프로젝트팀의 일원으로 ……그의 손편지를 찾고 있다."라고, 시인으로서의 사명을 고백하고 있다. 하나님이 창조하신 천지자연에

는 하나님의 뜻이 숨겨져 있다. 이것을 유의는 '창조주의 숨은 의도'라고 했다. 그러면 하나님의 형상대로 창조하신 사람에게 숨겨 놓으신 하나님의 의도는 무엇일까. 그것을 유의의 시에서 찾아보기로 한다.

밤새 바람이 불더니
빗소리에 깨어 일어나 시를 적었네요

마침, 그리 가는 바람 있어 실어 보내니
해찰 없이 속히 보시고,
궁금한 만큼만 얼른 적어
그편 그대로 보내시면

구석진 좁은 공간에도
끄트머리 줄 마지막에도
방울방울! 맺히는
당신의 창 빗방울에도,

몽글몽글! 그릴 거요
송골송골! 적을 거요

― 「詩便」 전문

위의 시 「詩便」은 서신(書信) 곧 '시의 편지'라는 뜻이다. 이 편지는 "밤새 바람이 불더니/빗소리에 깨어 일어나 시를 적었네요"로 시작된다. 하나님이 먼저 '바람'과 '빗소리'의 편지를 유의에게 보내시고, 그 답장으로 "시를 적었네요"라고 한 것이다. 답장을 써서 "마침, 그리 가는 바람 있어 실어 보내니/ 해찰 없이 속히 보시고,/ 궁금한 만큼만 얼른 적어/ 그편 그대로 보내시면"이라고 하나님과의 교신이 이루어진다. 하나님이 다시 보내신 편지의 내용이 "구석진 좁은 공간에도/ 끄트머리 줄 마지막에도/ 방울방울! 맺히는/ 당신의 창 빗방울에도," 하나님의 뜻과 의도가 "몽글몽글! 그릴 거요/ 송골송골! 적을 거요"라는 것이다. 자연현상의 바람과 빗소리를 하나님의 서신으로 알고, 그에 대한 답신으로 시를 적는다는 것은 시인만의 특권이다. 왜냐하면 '시는 하나님과의 대화'이기 때문이다.

시인은 남은 못 보는 것을 보고 시각적 이미지를 만들고, 남은 못 듣는 것을 듣고 청각적 이미지를 만든다는 것이다. 유의는 바람과 빗소리에서 하나님의 음성을 듣고, 창에 맺힌 빗방울에서 '몽글몽글! 그릴' 하나님의 뜻과 '송골송골! 적을' 하나님의 의도를 보는 것이다. 이런 눈과 귀는 시인에게만 주어진 특권이다. 그래서 시는 신화이며, 하나님과의 대화이다. 유의는 이를 가리켜 하나님과의 서신교환인 「詩便」이라고 명명한 것이다. 이 작품은 그의 시집 첫 쪽에 실린 작품이다. 한 시집의 첫 작품은 그 시집의 현관과 같은 것이다. 어떤 집에서도 그

집의 현관에만 들어서면 그 집안의 분위기를 감지할 수 있다. 위의 시「詩便」에서 유의의 詩 세계가 '하나님과의 대화'라는 것을 알 수 있듯이 말이다.

푸르름을 벗은 산일지라도
유의하지 않는다 하지말라
솔로몬의 들풀도 유의하며,
돌 짝 밭에 씨앗도 유의하며,

되돌아온 탕자도 유의하니
무화과 열매가 아니 열려도,
감람나무 열매가 아니 맺혀도,
유의하지 않는다 하지 말라

은혜만이 유의하고,
기적만이 유의하고,
드림만이 유의하고,
따름만이 유의하냐

니느웨 동산에 박넝쿨도
버림받은 이방 백성도 유의하니
아궁이에 들어갈 들풀도

지으심을 받은 것 모두가 유의하다

믿는다며 행하지 아니하고,
드린다며 나누지 안하고,
따른다며 버리지 아니하고,
상급이라 쌓기만 하는도다

들보 짐 지고 가는 헛된 자여
십자가 짐이라 자랑치 말라
모두 지고 가신 이의 눈물이
강이 되고 넘쳐 바다로 흐른다

— 「有意하다」 전문

 위의 시는 시집의 표제가 된 작품이다. 이 시집의 표제인 『有意하다』는 뜻과 의미가 있다는 말이다. 그렇다면 하나님이 창조하신 천지자연은 하나님이 뜻하신 바에 의해 창조하신 것이다. 하나님의 뜻과 의미가 숨겨져 있다는 말이다. 이 "태초에 하나님이 천지를 창조하시니라"의 천지자연을 무위자연(無爲自然)이라 하고, 그 반대를 인위문화(人爲文化)라고 한다. 신학에서는 인위의 반대인 무위를 신위(神爲)라고 한다. 그러니까 모든 자연현상은 하나님이 뜻하신 바에 의해 창조하신 것이다. 위의 시 첫 연은, "푸르름을 벗은 산일지라도/ 유의하지 않는다 하지 말라/ 솔로몬의 들풀도 유의하며,/ 돌 짝 밭에 씨앗도 유의하며,"로 시작한다. 모든 자연현상이 하나님이 의도하신 바대로 변화한다는 이미지이다. 그뿐만이 아니라 둘째 연의 "되돌아온 탕자도 유의하니/ 무화과 열매가 아니 열려도,/ 감람나무 열매가 아니 맺혀도/ 유의하지 않는다 하지 말라"에서는 탕자의 돌아옴과 같은 인사와 열매가 열지 않는 자연현상을 묶어서 다 "유의하지 않는다 하지 말라"고 했다. 그러니까 〈天地人〉의 모든 일이 하나님이 뜻하신 바대로의 현상이라는 이미지이다.

한마디로 말해 유의 朴隼寧은 기독교시인이다. 기독교시인이 빠지기 쉬운 함정이 기독교적 이념의 틀이다. 이 틀을 형(型)이라고 한다. 시인이라면 이 틀을 깨고 자기만의 세계인 새로운 형(形)을 지어야 한다. 물은 인간생명의 원형상징이다. 물이 흘러가는 것을 상형한 글자가 법(法)이다. 인간생명은 '살다'라는 동사가 원형이고, 물은 '흐르다'라는 동사가 원형이다. 흘러야 하는 물을 항아리라는 형(型)에 담아 놓으면 물은 죽는다. 인간도 어떤 이념의 틀(型)에 갇히면 시적 생명이 죽는다. 그것을 유의는 "은혜, 기적, 드림, 따름"만이 유의하냐고 반문한다. 그리고 "니느웨 동산의 박넝쿨도, 버림받은 이방 백성도, 아궁이에 들어갈 들풀도," 유의하다고 한다. 모든 자연과 인사(人事)에는 하나님의 의도가 숨겨져 있다는 말이다. 그런데 "믿는다며 행하지 아니하고,/ 드린다며 나누지 아니하고,/ 따른다며 버리지 아니하고,/ 상급이라 쌓기만 하는도다"라고 기독교인들의 행태를 비판한다. 그래서 "들보 짐 지고 가는 헛된 자여/십자가 짐이라 자랑치 말라/ 모두 지고 가신 이의 눈물이/ 강이 되고 넘쳐 바다로 흐른다."라고 시를 마무리한다. 시집의 표제가 된 이 작품의 주제인 『有意하다』가 곧 유의의 詩 세계임을 말해주고 있다. 그래서 시집의 표제가 된 것이다.

2. 뜻과 의미의 시적 형상화

'시는 이미지이다'라는 말은 시의 형식적인 정의이다. 신(神)의 체험인 '하나님과의 대화'를 어떻게 형상화하여 보여주느냐 하는 물음에 대한 답이다. 신의 체험은 지식이나 사상이 아니다. 지식이나 사상이라면 설명이라는 형식을 통해 이해할 수 있다. 그러나 종교나 예술은 이해가 아니라 느낌이며 체험이다. 종교의 교리를 이해함으로써 종교적 체험을 할 수는 없다. 마찬가지로 음악이나 미술이나 시도 이해하는 것이 아니라 느끼는 것이다. 감동이며 교감이다. 시인은 시를 음악처럼 느끼게 하려고 청각적 이미지를 만들고, 미술처럼 느끼게 하려고 시각적 이미지를 만들며, 피부로 느끼듯 하게 하려고 촉각적 이미지를 만든다.

사람은 살아가면서 많은 체험을 하게 된다. 그 체험들은 사라져 없어지는 것이 아니라 기억의 창고 속에 저장된다. 이것을 심리학에서는 무의식이라고 한다. 시인은 이 무의식 속에 묻혀 있는 체험들을 살려서 이미지로 만든다. 그래서 과거의 체험과 현재의 지각이 결합하는 것이 바로 이미지가 되는 것이다. 결국 시인은 이미지를 만드는 사람이다. 'poet'이란 말이 만드는 사람(maker)이라는 어원을 가지고 있다는 것도 이런 뜻에서 이해할 수 있다.

하루를 사는 하루살이는
평생인 하루를 설계합니다.
날개 아래 어제의 시간 위를 날아
눈을 들어 세상으로 나아갑니다

위대한 설계자는
생명을 바친 삶을 살았습니다
돌아볼 틈 없는 하루살이 살이가
여유롭지는 않았답니다

그래도 하루
사랑도 하고,
세대를 잇고,
하루를 달려,

바다를 건너 초원에도 가고,
떨어지면 죽을 것만 같아

죽어라, 날갯짓도 하였습니다

하루살이 하루는 하루만이 아닙니다
살아있는 오늘 하루가,
평생을 설계한 하루,
나에게는 한평생입니다

― 「하루살이」 전문

    무위의 자연현상과 인위의 인사를 대비하여 그리는 것이 비유적 이미지이다. 위의 시의 표제인 「하루살이」는 날개를 가진 자연의 곤충이다. 날개를 가진 자연의 곤충은 위를 향해 날아오른 것이 삶의 전부이다. 날개는 곧 날아오르려는 의지이다. 그래서 "하루를 사는 하루살이는/ 평생인 하루를 설계합니다/ 날개 아래 어제의 시간 위를 날아/ 눈을 들어 세상으로 나아갑니다"라는 첫 연은 날개를 가진 「하루살이」의 이미지이다. 「하루살이」의 "평생인 하루를 설계합니다."는 결국 "날개 아래 어제의 시간 위를 날아" 오르는 것이다. 그것이 곧 "눈을 들어 세상으로 나아갑니다."이다. 날개는 위를 향한 의지이므로 '어제'는 과거가 아니라 '날개 아래'일 뿐이다. 하루살이는 어제도 없고, 내일도 없다. 오직 위를 향하는 의미만 있는 '有意'일 뿐이다. 이처럼 '有意하다'의 평생을 산 "위대한 설계자는/ 생명을 바친 삶을 살았습니다/ 돌아볼 틈 없는 하루살이 살이가/ 여유롭지는 않았답니다."와 같은, '위인의 일생'의 이미지로 환치되고 있다. 날개는 하나님이 주신 것이라, "創造에는 뜻과 의미가 있다"의 '有意'를 위해 "그래도 하루/ 사랑도 하고,/ 세대를 잇고,/ 하루를 달려,/ 바다를 건너 초원에도 가고,/ 떨어지면 죽을 것만 같아/ 죽어라, 날갯짓도 하였습니다."와 같이 『有意하다』의 삶을 살았다. 날개를 가진 「하루살이」의 삶은 오직 하늘을 향한 날갯짓일 뿐이다. 다시 말해 하나님의 창조의 뜻을 이루어드리는 삶이다. 그래서 "하루살이 하루는 하루만이 아닙니다."로 시는 마무리된다. 이 말은 「하루살이」의 날갯짓은 하루만이 아니고, 하나님의 창조의 뜻을 구현하는 평생의 날갯짓이라는 것이다. 날아오르는 날갯짓만이 날개를 주신 하나님의 뜻을 구현하는 것이기 때문이다.

내 자리는 아버지 곁,
어머니 옆은 동생들 차지입니다
형님은 자기 방에서 방학을 보내고,
장난치다 이불 밑으로 바람이라도 들어오면
동생들은 악머구리 소리 지르며

발길질로 난리가 나지요

일찍 일어나시는 아버지는
먼 기억 속에서 항상
조심스럽게 이불을 걷으시며
찬바람이 들어오지 않게 하시려고
내 쪽 이불을 눌러 주셨답니다

따뜻한 이불속은 또 다른 겨울입니다
꼬무락거리는 발가락은 아랫목을 찾아가고,
두꺼운 솜이불을 높이 세워 터널도 만들고,
밤새 가지고 논 아버지 야광시계는
반딧불이가 되어 꿈으로 날아드는
내 어릴 적 꿈의 겨울입니다.

— 「이불속 겨울」 총 5연 중 3,4,5연

    위의 시는 시인이 어렸을 때의 삶의 모습을 그린 이미지이다. 아버지, 어머니와 한 이불 속에서 잠을 잘 때, "내 자리는 아버지 곁,/ 어머니 옆은 동생들 차지입니다."라는 풍경은, 같은 세대 사람들에게는 "참, 그래"라고 공감하는 정경이다. 같은 세대에게는 아마도 정이 흐르는 그리운 풍경일 것이다. 이처럼 어렸을 때의 풍경을 정겹게 묘사할 수 있는 것은 시인만의 특권이다. 사람의 고향에는 공간적 고향과 시간적 고향이 있다. 시인이 태어나 자란 곳인 공간적 고향에는 특별한 경우가 아니라면 언제나 돌아갈 수 있지만, 시간적 고향인 유년으로는 아무도 돌아갈 수 없다. 돌아갈 수 없는 고향을 마음속으로만 그리는 것을 향수라고 한다. 아무리 어려운 환경이었다 해도 유년에 대한 향수는 시의 제재가 된다. 시심은 곧 동심이기 때문이다. 그래서 "장난치다 이불 밑으로 바람이라도 들어오면/ 동생들은 악머구리 소리 지르며/ 발길질로 난리가 나지요."의 추억이라도 그리울 뿐이다. 시인은 아버지 곁에 누웠기 때문에 "일찍 일어나시는 아버지는……찬바람이 들어오지 않게 하시려고/ 내 쪽 이불을 눌러 주셨답니다."에서 보듯, 아버지를 그리워하는 이미지이다.

한 가족이 한 이불 속에서 겨울밤을 지냈기 때문에, "꼬무락거리는 발가락은 아랫목을 찾아가고,/ 두꺼운 솜이불을 높이 세워 터널도 만들고,/ 밤새 가지고 논 아버지의 야광시계는/ 반딧불이가 되어 꿈으로 날아드는/ 내 어릴 적 꿈의 겨울입니다."에서 보듯, 유년에 대한 향수는 그 때를 '꿈의 겨울'로 그리고 있다. 유년시절에 대한 향수의 이미지이다. 무엇보다도 "꼬무락거리는 발가락은 아랫목을 찾아가고"와 같은 이미지에서는 유의 시인의 탁월한 언어감각을 느낄 수 있다. 현대시인의 가장 중요한 첫째 요건이 언어감각이라고 할 때, 유년에 대한 향수를 동심의 이미지로 그려낸 시인이야말로 언어예술가라고 할만하다. 유의는 「밤은 잠들어야 한다」라는 시에서, "밤은 아픔과 슬픔을 내려놓는/ 고요가 흐르는 망각의 바다"라고 밤의 이미지를 그리고, "끝 모를 어둠의 터널을 지나 첫 새벽까지/ 잠이라는 조각배를 저어가는/ 망각의 바다에 고달픈 사공"이라고 시인의 이미지를 그리기도 했다. 누가 뭐라 해도 시는 역시 언어예술임을 확인할 수 있다.

3. 틀(型)을 벗은 새로운 형식(形)의 창작

시의 가장 중요한 요소는 상상력(想像力)이며, 상상(想像)은 우리말로 '그리다'이다. 그러니까 상상력은 '그리는 힘'이다. 그런데 이 '그리는 힘'은 '없음(無)'을 느낄 때 더욱 풍부해진다. 마음속으로만 그리는 것은 '그리움'이고, 선과 색채로 그리면 '그림'이 되며, 말로 그리면 시적 이미지가 된다. 그래서 C.D 루이스는 "시적 이미지는 말로 그린 정열적 그림"이라고 정의했다. 여기서 정열적이란 말은 강렬한 그리움을 가리키는 말이다. 그리움은 곧 사랑이다. 그러니까 시인은 곧 강렬한 사랑을 하는 사람이다. 모든 예술작품 곧 〈시와 노래와 그림〉은 그리움의 꽃이며 사랑의 열매이다. 곧 영혼의 열매인 것이다. 현대시는 정형시가 아니라 자유시이다. 자유시는 정형(定型)의 틀

(型)이 없고 시인의 상상력이 새로운 형식(形)을 만들어 가는 시이다.

그를 잘 안다는 사람 중에
가끔 사기 행각이 들통 난 목사라는 사람이 있다
예의 그 책으로 사기 치는 사람이다.
어찌나 이리저리 꿰기를 잘 하는지
짜깁기 기술이 신비롭기까지 하다
심지어 죽으라면 죽기까지 하고
이것저것 다 가져 바치다 못해 몸도 바쳤단다

도대체 믿을 수가 없다
그가 왜 날 위해 죽었는지

―「믿을 수 없는 일」총 15연 중 6,7연

위의 시는 총15연의 100여 행이나 되는 장시이다. 그 중에서 6,7연의 9행만을 인용했다. 유의 시인이 정형(定型)의 틀을 벗고, 새로운 형식(形式)을 창작하는 자유시인임을 보여주는 작품이다. 유의는, "가끔 사기행각이 들통 난 목사라는 사람이 있다/ 예의 그 책으로 사기 치는 사람이다/ 어찌나 이리저리 꿰기를 잘 하는지/ 짜깁기 기술이 신비롭기만 하다/ 심지어 죽으라면 죽기까지 하고/ 이것저것 다 가져 바치다 못해 몸도 바쳤단다."에서 보듯, 교인이란 틀에 갇혀 맹종하는 기독교인이 아니다. 시인이기 때문이다. 시인은 오직 하나님만 바라볼 뿐 사람을 보지 않는다. 구약의 선지자들도 그랬다. 위의 시에서 '예의 그 책'은 성경이며, '사기 치는'이란 예수를 팔아 돈과 명예를 긁어모으는 목사들이다. 예수를 판 "유다가 은을 성소에 던져 넣고 물러가서 스스로 목매어 죽은지라(마 27:5)"에서 보듯, 가롯 유다는 "내가 무죄한 피를 팔고 죄를 범하였도다."라고 회개하며 스스로 목매어 죽었다. 그러나 "심지어 죽으라면 죽기까지 하고/ 이것저것 다 가져 바치다 못해 몸도 바쳤단다."에서 보듯, 예수의 이름을 판자들은 "믿는다며 행하지 아니하고/ 드린다며 나누지 아니하고,/ 따른다며 버리지 아니하고,/ 상급이라 쌓기만 하는도다(有意하다)"와 같이 자기 것을 쌓기만 하는 종이다. 그래서 유의 시인은 "도대체 믿을 수가 없다./ 그가 왜 날 위해 죽었는지"라고 자문하고 있는 것이다. 그러나 "나도 모른 척한다면 그의 죽음은 개죽음이라/ 처음으로 나의 죄가 무엇인지 생각하게 되었다/ 나는 알고 싶게 되었다/ 그가 왜 날 위해 죽었는지"라고 위의 시는 마무리된다. 종교적인 주제는 시에서 가장 어려운 문제이다. 유의는 「믿을 수 없는 일」이란 솔직한 제목을 내걸고, 믿음으로 다가가는 과정을 숨김없이 서술하고 있다. 종교적인 주제이라 이미지형상화보다 의미를 서술하는 형식이다. 이를 가리켜 '틀(型)을 벗은 새로운 형식(形)'이라고 한 것이다.

살다 보니

뜀박질도 꽁찌, 키도 꽁찌,
생긴 것도 꽁찌, 유행도 꽁찌,
싸움도 꽁찌

맨날 꽁찌 더니

이별도 꽁찌, 퇴직도 꽁찌,
병원도 꽁찌, 늙는 것도 꽁찌
저승길 가는 것도 꽁찌

푸 하하하!

꽁찌/ 꼴찌의 옛말
―「꽁찌」전문

 시인의 삶은, "살다 보니/ 뜀박질도 꽁찌, 키도 꽁찌,/ 생긴 것도 꽁찌, 유행도 꽁찌/ 싸움도 꽁찌"에서 보듯, 현실적 경쟁에서는 맨 뒤에 처질 수밖에 없다. 시인이 바라보는 표적은 땅에 있지 않고 하늘에 있기 때문이다. 하늘은 안과 바깥도 없고, 앞과 뒤도 없으며, 상하좌우도 없는 하나이다. 이 하나는 끝이 없는 무한이다. 해와 달, 그리고 별들도 다 그 무한 속에 있다. 이 하나이며 무한의 주이신 하나님이 태초에 천지를 창조하시고, 하늘의 '임'과 땅의 '금'을 조화시켜 사람을 창조하셨다. 그래서 하나님의 형상대로 창조된 사람은 모두 임금이라고 했다. 하늘의 '임'이 한자로는 주(主)이므로, 시인이 바라는 표적이 하늘에 있다는 것은 주님만을 바란다는 의미이다. 유의는 '시인의 말'에서, "나는 創造主의 숨은 의도 찾기 프로젝트 팀의 일원"이라고 했다. 그러니 땅에서는 "맨날 꽁찌더니"가 될 수밖에 없다. 그러나 인위(人爲)가 아닌 신위(神爲)의 일에서는, "이별도 꽁찌, 퇴직도 꽁찌/ 병원도 꽁찌, 늙는 것도 꽁찌,/ 저승길 가는 것도 꽁찌"가 되었다는 것이다. 그 결과 시인은 "푸하하하!"라는 즐거운 함성으로 시를 마무리 한다.

여자는
연필깎이 같은 존재다

당신을 예쁘고, 보기 좋고,
쓸 만하게 만들지만,

언젠가는

몽땅,
깎아버릴 것이다.

—「여자는」전문

　창세기 1장 27절에 "하나님이 자기 형상 곧 하나님의 형상대로 사람을 창조하시되 남자와 여자를 창조하시고"라고 했다. 남자는 하늘이고 여자는 땅이라는 것은 상징적 비유이다. 상징적 비유는 하나님의 숨은 의도를 찾는 시인의 표현이다. 하나님이 남자와 여자를 창조하신 의도는 인간이 되게 하시려고 그러신 것이다. 인간이 되게 하시려는 것이 바로 하나님의 숨은 의도였던 것이다. 그러면 인간이란 무엇인가. 인간의 우리말은 '사람사이'이다. 남자든 여자든 혼자로서는 사이가 될 수 없다. 남자와 여자는 사람은 되었지만 인간은 못 된 것이다.

　인간이 되는 첫 단계가 한 남자와 한 여자가 만나 부부가 되는 것이다. 그런데 남자가 자기는 하늘이고 여자는 땅이라고 하며, 남자는 높고 여자는 낮다고 생각하여 인위적으로 만든 것이 가부장제였다. 그런데 위의 시에서 "여자는/ 연필깎이 같은 존재다."라는 혁명적인 이미지를 그렸다. 그리고 여자가 "당신을 예쁘고, 보기 좋고/ 쓸 만하게 만들지만,"이라고 했다. 그렇다. 남자는 여자를 만나 사랑을 알게 되고, 지배하는 자가 아니라 돌보는 자가 된다. 여자가 그렇게 만드는 게 아니라 스스로 그렇게 된다. 서로 사랑하는 아름다운 사이가 되게 하시려는 하나님의 의도가 역사하신 것이다. 그래서 "언젠가는/ 몽땅,/ 깎아버릴 것이다."라고 시는 마무리된다. 이제까지 모든 남자는 하나도 깎이지 않고 하늘처럼 높은 존재였다. 그러나 인간이 되기 위해서는 깎여야 한다. 위의 시는 참 짧은 형식의 단시이지만 인간되기의 방향을 담고 있다. 오늘날에 이르기까지 남자는 하늘이고, 여자는 땅이었다. 다시 말해 사람사이가 아니고 주종의 관계였다. 인간이 되려면 나라는 자아의 존재가 깎여서 없어져야 한다. 이 진리를 불교에서는 해탈이라고 하며, 무아(無我)의 공(空)이 되어야 한다고 한다. 기독교에서도 참 믿음은 나는 죽어 없어지고, 성령의 은사로 거듭나야 한다고 한다. 남자와 여자는 수직적 상하관계가 아니라 수평적 좌우관계라는 것이 하나님의 뜻이다.

이상으로써 유의 朴隼寧의 詩 세계를 통해 하나님의 『有意하다』의 숨은 의도를 알아봤다. 유의의 시를 읽는 독자마다 하나님의 숨은 의도를 알고, 은혜 받기를 기도하며 이 글을 마치고자 한다.

추천 글

"有意하다"를 읽으며

백 원에 열 개,
국화빵 이야기로 어머니의 추억을 풀어내는
마음 선한 詩人 유의 朴隼寧.
나는 그의 국화빵 이야기를 통해
흰 눈이 펑펑 내리던 날 길가에서 사 먹던
붕어빵에 담긴 아름다운 추억을 생각했다.
그의 詩에는 보릿고개 흙냄새 풍기는
고향마을 부모님에 대한 孝心이 묻어있다.
그가 소담히 담아놓은 詩語의 광주리에선
개구진 어릴 적 추억과 함께 가족들의 소중함이 담긴 삶의
이야기가 무지개로 피어난다.
그가 써 내려간 이야기들은 그냥 너와 나의
이야기다.
그래서 精겹고 친근한 유행가 같기도 하다,

나는
한 편, 한 편의 詩를 읽으며
책상 앞에 반듯이 앉아 선생님의 말씀을 귀담아듣던
고등학생 隼寧 군의 맑고 선한 눈망울을 떠 올린다.

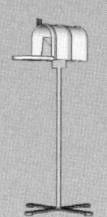

그런 그가 오늘 멋진 詩人이 되어 내 곁에 다시 와 있다.

40年 세월이 흐른 오늘,
나는 그의 詩 속에서 스승과 제자가 아닌
밝고, 맑고, 깨끗하게 살아온 한 詩人의 노래를 듣는 運 좋은
방청객으로 함께 하고 있다.
어쩌면 이것이 人生 三樂 중에 하나 (得天下英才而教育之/ 孟子)
아닐까….

나는 제자 隼寧 군의 詩를 읽으며,
그의 삶 모두에 큰 박수를 보낸다.

- 고교 시절 담임교사 -
전, 세명컴퓨터고등학교 교장
(사)한국청소년동아리연맹
부총재 일송 임동일

"내 친구 유의"

유의를 알고 지낸 지 정확히 38년째이다.
대학 1학년때 처음 만난 이 친구는 뭐라 하면 울어버릴 것 같은
늘 우수에 차 있던 모습으로 기억난다.

처음에는 친구인 줄 알았는데 나중에 알고 보니 선배였다.
하지만 그냥 그대로 덩치 큰 내 의사에 의해 강압적 합의로(?) 그
이후 친구로 지내고 있는 사이이다.

이 친구하고의 사이는 매우 각별해서 놀러 다니기도 많이 다니고
남자라면 공감하는 논산훈련소에도 같이 가고 약혼식에도
초대받는 사이였다.
하지만 유의와의 더 큰 추억은 청년 시절 매사 논리성과 이성적
사고를 강조하는 나에게 그가 感受性을 들고 접근하면서 일어났던
일이었다.

그는 공대생임에도 불구하고 매주 詩를 써서 나에게
평가해달라 했고, 자신이 지은 노래를 들려주기도 하였으며
기타 하나를 들고 당시 "데모 송"으로 알려져 있던 民衆歌謠를
함께 부르며 시대의 아픔을 함께하였던 친구였다.

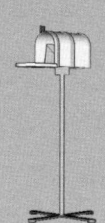

생각해보면 그의 기타 솜씨는 일품이었고 그의 恨 서린 음색을 통해 부르는 민중가요는 우리의 심금을 울리기에 충분했다.

젊은 시절 음유시인으로서 자격이 충분했던 유의는 陰地에서 일하던 일로 모든 感受性을 잃어버린 줄 알고 있던 수십 년의 세월이 지난 어느 날 그가 詩人으로 登壇하게 되었다는 소식과 뒤이어 詩集을 출간하게 되었다는 소식은 나에게 신선한 충격으로 다가왔다.

그가 40여 년 전의 感受性을 아직 잃어버리지 않았다는 점이 무척 기뻤고, 그와 함께 그의 詩를 읽으면서 보냈던 젊은 시절을 다시 돌이켜 볼 수 있게 되어서 또한 기뻤다.

부디 그의 순박하던 詩가 많은 사람의 입에서 회자하기를 바라며 이 詩集을 통해 그의 感受性이 더 많은 사람의 마음을 울리길 기대한다.

영남신학대학교 구약학 교수인
오택현이 쓰다